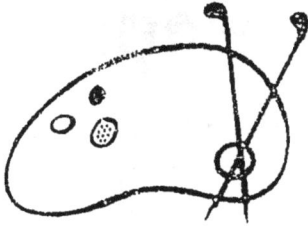

Début d'une série de documents
en couleur

N° 271.

Action Populaire

SÉRIE SOCIALE

O. JEAN

CAUSERIES OUVRIÈRES

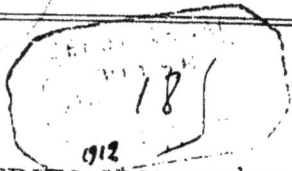

La Solution Collectiviste

Le numéro : 0 fr. 25

PARIS	REIMS	PARIS
Maison Bleue	Action Populaire	Victor Lecoffre
4, rue des Petits-Pères, 4	5, rue des Trois-Raisinets, 5	90, rue Bonaparte, 90

Peuple de France

*paraît le 6 de chaque mois
en un fascicule de 32 pages*

L'abonnement est de **1 franc par an** ; chaque abonné recevra, en plus des 12 fascicules, *6 feuilles volantes sur un sujet d'actualité.*

On ne peut souscrire moins de cinq abonnements à la fois
(soit 5 fr. par an).

Vocabulaire Economique et Social

Prix : **2** francs franco.

Pour les abonnés à la Revue de l'A. P. et pour les abonnés au Mouvement Social, **1 fr. 50** *franco.*

Cet ouvrage de 180 pages fait partie de notre collection des Actes Sociaux.

COMPTE RENDU
de l'Assemblée générale
DE L'ŒUVRE DES
CERCLES CATHOLIQUES D'OUVRIERS

MARS 1911

Sous la Présidence de
M. le Comte Albert de MUN
de l'Académie Française, Député du Finistère, Président du Comité et Secrétaire général de l'Œuvre.

124 pages. — Prix : **2** fr. *franco.*

En vente à l'Action Populaire, 5, rue des Trois-Raisinets, REIMS

Bar-le-Duc. — Impr. Brodard, Meuwly & Cⁱᵉ. — 5195,3,12.

Du même auteur :

Le Syndicalisme : origine, organisation, but, rôle social, 80 p. ; *franco*, 1 fr. 10.
L'Église et l'esclavage, 32 pages ; *franco*, 0 fr. 25.
L'Église et l'Organisation du travail, 32 pages ; *franco*, 0 fr. 25.

Dans la même collection à 0 fr. 25 l'exemplaire franco :

Brochure n° 28. Du Maroussem : Qu'est-ce que la question ouvrière ?
     "   49. Du Maroussem : La question sociale. La Démocratie.
     "   50. Abbé Cetty : Le Crédit ouvrier.
     "   73. G. Cerceau : Léon XIII et le Travail.
     "   74. Abbé Cetty : Le Mariage dans les classes ouvrières.
     "   78. Abbé Thellier de Poncheville : Caisse ouvrière de prêts
           pour habitations.
     "   84. L. Rivière : Protection de la jeune ouvrière.
     "   86. Abbé Brouillet : Ouvriers de l'usine et des champs.
     "   97. G. Goyau : Solidarisme et Christianisme.
     "   98. P. Gemahling : La femme ouvrière et la maternité.
     "   100. P. Constant : Socialisme et action rurale.
     "   105. Ph. de Las-Cases : Les Caisses de chômage.
     "   108. P. de Guémy : Les accidents du travail.
     "   113. Abbé de Becquincourt : Une Caisse ouvrière à Reims.
     "   118. de Seilhac : Les Bourses du Travail.
     "   152. M. Dufourmantelle : Le Crédit populaire.
     "   174. E. Beaupin : La Confédération Générale du Travail.
     "   241. E. Bossan : Vers un ordre social chrétien. Pensées détachées.
     "   249. Ch. Senoutzen : Le Val-des-Bois.
     "   267-268. Em. Lacombe : Le socialisme agraire existe-t-il ?

Paraissent au début de chaque année

1° Depuis 1904

LE GUIDE SOCIAL DE L'A. P.

Un vol. de 350 pages environ. Prix : **3** fr. ; *franco,* **3 fr. 30.**
Forte remise accordée pour l'achat collectif de tous les volumes parus.

2° Depuis 1910

L'ANNÉE SOCIALE INTERNATIONALE

Beau volume grand in-8° de 950 pages environ.
L'exemplaire : 9 fr. : franco, 10 fr.
Pour les abonnés au *Mouvement Social,* **7** fr. ; *franco,* **8** fr.

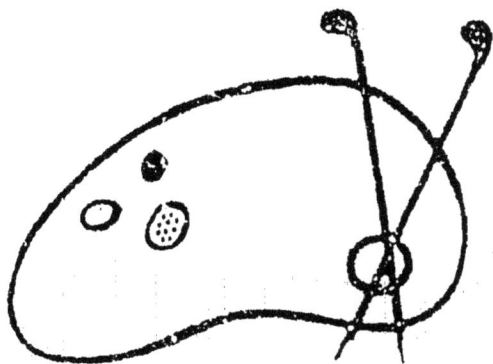

Fin d'une série de documents
en couleur

N° 271.

Action Populaire

SÉRIE SOCIALE

O. JEAN

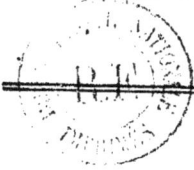

CAUSERIES OUVRIÈRES

La Solution Collectiviste

Le numéro : 0 fr. 25

PARIS	REIMS	PARIS
Maison Bleue	Action Populaire	Victor Lecoffre
4, rue des Petits-Pères, 4	5, rue des Trois-Raisinets, 5	90, rue Bonaparte, 90

TABLE DES MATIÈRES

La solution collectiviste.

A. — Objections contre la légitimité de la propriété individuelle.

Nous avons vu dans notre dernière causerie que ce n'était pas Dieu qui, à l'heure actuelle, était Maître du monde, mais l'argent, « le sacrement de tout mal », comme l'appelle le P. Gratry. C'est l'argent qui, à l'heure actuelle, divise la société en deux classes ennemies : « On a dit : « Des classes, il n'y en a pas dans ce pays, la Révolution les « a supprimées. » « Rien n'est, à mon avis, plus contraire « à l'exactitude des faits. Ce que la Révolution française a « détruit ce sont les ordres et les privilèges qui leur appar- « tenaient ; ce sont les corps organisés qui avaient dans « l'Etat une place et des droits reconnus. Mais cela détruit, « sans qu'aucune autre organisation nouvelle eût été « substituée à l'ancienne, il est resté deux classes : les « riches et les pauvres ; ceux qui possèdent du superflu et « ceux qui ne possèdent rien ou qui ne possèdent que le « nécessaire. Un historien, dont personne parmi les admi- « rateurs de la Révolution ne conteste l'autorité, Edgar « Quinet, le constate très nettement et marque à l'insur- « rection du 1er prairial la date précise à laquelle fut con- « sommé le divorce entre les deux classes « nées, dit-il, « de la Révolution ».

« C'est le fond même de la question sociale et, à nos « yeux, c'est le grand vice du régime révolutionnaire... « En effet, toutes les autres inégalités sociales ayant dis- « paru, il n'en est resté qu'une : celle de la fortune ; mais « le mal c'est qu'on a laissé, sans organisation aucune, ces

« deux classes mises sans intermédiaire l'une en face de
« l'autre : on les a livrées à l'individualisme et à la liberté
« absolue sans leur donner le moyen légal de faire valoir
« leurs droits ou de défendre leurs intérêts. » (A. de Mun.
— Discours du 30 avril 1894. Chambre des Députés.)

Qu'en est-il résulté ? Nous l'avons vu la dernière fois.
Un abus évident de la fortune, soustraite aux sages tempé-
raments de l'Eglise et aux strictes obligations chrétiennes
que nous étudierons plus tard ; et comme conséquence une
révolte compréhensible des déshérités de ce monde contre
la propriété oppressive. « En soutenant le droit absolu de
propriété, en professant que celui qui possède peut user et
abuser de son bien, qu'il est libre de le dépenser à sa guise
et de le gaspiller à son gré, pourvu qu'il n'aille pas jusqu'à
des actes prohibés par les lois et règlements, en proclamant
que la fortune a, avant tout, un caractère de jouissance
personnelle, en contestant la plupart des charges qui la
grèvent et des devoirs qui l'accompagnent, les économistes
libéraux ont amené une réaction violente et fourni des
armes au socialisme dont ils légitimaient ainsi partielle-
ment les violentes attaques contre la propriété. Comme
l'a fait éloquemment remarquer Mgr Ketteler, c'est du
droit faux de propriété qu'est née la fausse théorie du
collectivisme. » (Garriguet. — Question sociale et Ecoles
sociales, page 33.)

Et, en effet, quoi de plus logique à priori, semble-t-il, que
cette conclusion ? La propriété privée est la cause de tout
mal : supprimons-la, et nous assurerons ainsi le bonheur
de l'humanité.

Il ne faudrait pas croire d'ailleurs que nos adversaires
n'aient, pour soutenir cette thèse, que ce raisonnement
sommaire. La légitimité de la propriété est longuement
contestée en droit et en fait par toute une série d'arguments qu'il est intéressant de connaître et que je me pro-
pose de vous exposer en toute impartialité.

La propriété privée, disent-ils, est insoutenable en *droit*.
Pourquoi le fait d'avoir pour père un ouvrier condamne-t-il

pour toute sa vie un homme à une situation inférieure,
tandis que le fait de naître dans une famille aisée assure à
ce privilégié, quelle que soit sa valeur personnelle, une
existence agréable ? On n'a pas plus de droits à naître riches
qu'à naître pauvres. Pourquoi alors ces injustices sociales
à partir du berceau, qui ont une répercussion jusqu'à la
tombe ? Anéantissons donc, par la suppression de la propriété, ces inégalités injustifiées, mettons tous les hommes
dans des conditions identiques, donnons à chacun les
mêmes moyens d'arriver par son travail à une situation
honorable, et nous aurons ainsi non seulement réalisé une
juste égalité des conditions sociales, mais en outre em-
pêché l'accumulation des capitaux dans les mêmes mains,
ce qui constitue, de l'aveu de tous, la cause principale du
malaise social du temps présent.

Non seulement, continuent les collectivistes, la propriété
est insoutenable en droit, mais elle est aussi indéfendable
en *fait*. Car la propriété individuelle ne se constitue qu'au
moyen du vol. Et cela est facile à démontrer. Vous êtes
industriel et vous vendez 20 francs un produit qui vous en
a coûté 15 à fabriquer. Or, si vous le vendez 20 francs
c'est qu'il vaut effectivement 20 francs ; nul, en effet, ne
s'avisera d'acheter un produit au-dessus de sa valeur : s'il
vaut réellement 20 francs et si vous n'avez payé que 15 francs
pour sa confection, c'est donc qu'un élément de la production a été lésé de 5 francs. Or, l'économie n'a pas été
réalisée sur la matière première, donc elle a été réalisée sur
le travail de l'ouvrier. Ce qu'on appelle bénéfice est donc
le vol d'une portion du salaire de l'ouvrier insuffisamment
rétribué de son travail. Dans le livre socialiste américain
« *L'ordre social se transforme* », voici comment s'exprime
à ce sujet un des principaux personnages du roman : « Pre-
« nons, par exemple, un certain nombre de paires de
« bottes que vous faites pour un grand magasin de chaus-
« sures. De quoi vit le marchand et comment vit-il dans
« l'abondance ?... Il semble tout d'abord facile de donner
« une réponse : il vit avec la différence entre ce qu'il vous

« donne pour faire les bottes et ce qu'il a gagné à les
« vendre. Oui, mais attendez un peu. Toute cette diffé-
« rence n'est pas volée. Le marchand fait aussi un travail
« pour ces bottes avant qu'elles ne soient finalement
« vendues. Il les présente au client, il les fait valoir, il les
« place. Cet ouvrage est nécessaire et doit être rémunéré,
« quoique l'ouvrage, étant plus facile que le vôtre, devrait
« être moins payé ! Il faut donc sur la différence entre le
« prix de vente et le prix de revient lui allouer, pour être
« généreux, un salaire égal au vôtre. Mais faites attention
« et voyez ce que cela veut dire. C'est plus tôt fait de vendre
« les bottes que de les confectionner, et il en vend — met-
« tons en un jour — ce que vous mettriez six jours à faire.
« Ainsi pour employer tout le temps du marchand, il doit
« employer six ouvriers desquels chacun lui fournira des
« bottes pour un jour de la semaine. Donc puisqu'il a droit
« à égalité de salaire avec vous, il a droit pour votre travail
« de 6 jours à une sixième partie de votre salaire...

« Vous recevez 30 schellings de salaires, le marchand en
« reçoit 5 pour vendre votre travail, le cuir lui coûtant
« 30 schellings et le loyer (d'un jour) 7 schellings, il doit
« encore recevoir 37 schellings, en tout 72 schellings. C'est
« le minimum auquel on puisse vendre les bottes, et s'il
« les vendait à ce prix le patron ne gagnerait pas plus que
« vous...

« Or, ses livres de comptes nous apprennent qu'il obtient
« ses revenus en vendant les bottes non 72 schellings, mais
« 160 schellings. Rappelez-vous ceci : il ne trouve à vendre
« les bottes à ce prix que parce qu'elles le valent. Si elles
« ne le valaient pas, on ne le lui donnerait pas. La con-
« currence d'autres cordonniers le forcerait à baisser ses
« prix...

« Comment ces bottes sont-elles arrivées à avoir cette
« valeur ? Il y a 88 schellings dont nous ne pouvons nous
« rendre compte. Peut-être a-t-il acheté le cuir au-dessous
« du prix, ou obtenu son magasin à un prix inférieur ?
« Croyez-vous cela ? Les propriétaires louent-ils leurs ma-

« gasins au-dessous du prix courant ? Les marchands de
« cuir donnent-ils pour 3o schellings ce qui en vaut 118 ?
« Vous ne croyez pas cela un instant. Réfléchissez, vous
« commencez à comprendre ? Ne pensez-vous pas qu'il y a
« une chose qui n'a pas été payée si honnêtement ? Oui,
« cette chose existe et c'est votre travail.

« Votre travail, auquel, pour être juste, il faut ajouter
« celui de votre patron, vaut non pas 3o ou 35 schellings,
« mais bien 123 schellings... Ainsi votre patron, chaque
« fois qu'il paie votre salaire, le diminue de toute la diffé-
« rence qu'il y a entre ces deux sommes... Il vous la vole,
« l'empoche et appelle cela ses bénéfices. »

Réfutation des objections collectivistes.

1º — Toute propriété capitaliste, disent les collectivistes,
est le produit d'un vol. — Prenons un ouvrier sobre, hon-
nête et travailleur ; il gagne de bonnes journées et au lieu
de dépenser comme tant d'autres, au fur et à mesure, le
salaire qu'il reçoit, il met chaque samedi une certaine
somme de côté pour parer aux mauvais jours et se préparer une vieillesse plus heureuse. Il se constitue ainsi un
capital ; de quelque nom qu'on appelle ces économies,
elles constituent une fortune personnelle, une propriété,
dont, en toute justice, on ne saurait refuser à l'ouvrier la
libre disposition. Où est le vol dans tout cela ? Qui a été
frustré par cette sage économie ? Et n'est-ce pas là, dans la
gestion prudente du salaire quotidiennement gagné, qu'il
faut chercher l'origine de l'immense majorité des fortunes ?
On voit donc quelle erreur commettent les collectivistes
quand ils attribuent au vol l'origine de la propriété.

2º — Cette fortune que l'ouvrier a ainsi gagnée par son
travail, peut-il l'employer comme il l'entend ? Sans doute.
Peut-il l'employer notamment à l'entretien des membres
de sa famille, à l'éducation de ses enfants ? Cela est incontestable. Il s'ensuivra donc tout naturellement que certains
enfants seront plus favorisés que d'autres. — Cette fortune

dont il a pu disposer sa vie durant, pourra-t-il en prévoir
l'emploi après sa mort ? La maison qu'il a achetée sur ses
économies, pourra-t-il la laisser à ceux pour lesquels il a
travaillé, et s'endormir du dernier sommeil, tranquille sur
la sécurité de leur avenir ? Nul, je crois, n'oserait le con-
tester, et rien ne serait plus étrange que de refuser le droit
à un homme de faire, à l'heure de sa mort, une donation
qu'on admettrait comme légitime à toute autre heure de sa
vie. S'il peut disposer de son bien c'est toujours, et en toute
circonstance, ou jamais.

Et il est à peine utile de faire remarquer combien cette
possibilité de laisser aux siens une situation meilleure est
morale en elle-même, combien elle contribue à resserrer le
lien familial, et combien elle incite l'ouvrier à la sagesse,
à l'ordre et à l'économie. L'espoir de constituer une propriété pour soi et pour les siens, c'est l'aiguillon le plus
puissant de l'activité humaine ; la jouissance de sa propriété
est la plus compréhensible des satisfactions procurées par
le travail.

A ceci, on peut objecter : « Vous nous parlez de la *petite*
propriété, nous admettons tout ce que vous dites. Mais
pour la *grande* propriété ? » A cela, il est facile de répondre
qu'il est manifestement illogique de n'admettre que *par-
tiellement* un principe comme celui de propriété, et pour
une raison bien compréhensible. Quand une propriété
cessera-t-elle d'être petite pour devenir grande ? Qui fixera
cette limite ? Sur quelles bases s'appuiera-t-on pour déter-
miner cette séparation ? Et comment justifier qu'un homme
ne puisse pas disposer des bénéfices d'une dixième année
de travail, dans les mêmes conditions que des bénéfices
des neuf premières, sous le prétexte qu'il aura atteint un
certain chiffre de fortune ? Le principe de la propriété est
vrai ou faux, à admettre avec toutes ses conséquences et
dans tous les cas, ou à rejeter totalement aussi bien pour
les économies de l'artisan que pour la fortune des million-
naires. Quant à la solution qui distingue entre les propriétés
petite, moyenne et grande, sans, bien entendu, fixer en

quoi que ce soit les limites des fortunes ainsi différenciées, elle ne saurait être considérée que comme une conception de réunion publique, destinée à ne pas effaroucher l'électeur aussi jaloux de conserver sa propriété personnelle que désireux de voir amoindrir celle de ses voisins plus fortunés ; et comme tous les arguments de cette nature à l'usage des politiciens embarrassés, on ne peut l'examiner avec un peu d'attention sans constater qu'elle tombe immédiatement dans l'arbitraire et l'impossibilité pratique d'application.

3º Quant aux inégalités des conditions sociales contre lesquelles protestent avec tant de véhémence les collectivistes, sont-elles donc si impossibles à justifier ? Supposons que le 1er janvier prochain, par exemple, on décrète que toutes les fortunes de France seront nivelées. Je ne considère pas la perturbation que l'application d'une pareille loi apporterait dans la vie politique et sociale, je ne retiens que ce fait, c'est que la fortune de chaque Français sera, le 1er janvier matin, je suppose, de 4.000 fr. Le 2 janvier, Pierre travaille, Paul ne fait rien. Pierre, le 2 janvier au soir, possédera 4.003 fr., Paul n'en aura plus que 3.997. Fera-t-on un nouveau partage ? Non, sans doute, puisque la différence provient du travail exécuté. Au bout de dix ans, Pierre aura 10.000 fr., Paul n'aura plus rien. Devra-t-on faire une nouvelle égalisation des fortunes ? Non, n'est-ce pas. Pierre a travaillé, Paul n'a rien fait ; la différence de leurs conditions est absolument justifiée.

Cette fortune, que Pierre a gagnée, peut-il la donner à qui il veut ? Sans doute. Peut-il la donner à ses enfants de son vivant ou par héritage ? Cela semble incontestable. Voilà donc rétablie la parfaite légitimité de l'inégalité des fortunes. Les enfants de Pierre profitent des biens amassés par leur père ; les enfants de Paul supportent les conséquences de la paresse de ce dernier. Est-ce injuste ? Non, car cette loi d'héritage est une loi naturelle, une loi du monde physique. Un enfant naît de parents sains et bien constitués, il a une santé vigoureuse ; il naît, au contraire, de parents alcooliques ou poitrinaires, il est rachitique ou tuberculeux. Puisque nous héritons des qualités ou des tares physiques de nos ascendants, pourquoi ne pas hériter aussi de leur fortune ?

Pour que cette conception d'égalité absolue de fortunes et de conditions fût légitime, il faudrait d'abord que tous les hommes fussent égaux entre eux. Or, y a-t-il dans toute la France deux hommes identiquement pareils en intelligence, en volonté, en force, en audace, en santé, en persévérance, en activité ?

Il faudrait ensuite que les hommes fussent des individualités isolées, qu'aucun lien ne rattache à d'autres hommes ; or, aucun de nous n'a cette indépendance, contrairement à l'affirmation révolutionnaire ; nous sommes tous membres d'une collectivité oui s'appelle la famille. Or, la famille est, non seulement moralement, mais physiquement, nécessaire à l'individu jusqu'à ce qu'il soit parvenu à l'âge de sa maturité. Mais si l'on admet ce principe familial, il faut, lui aussi, l'admettre avec toutes ses conséquences, dont l'une, la plus importante peut-être, est la formation et la transmission, de génération en génération, d'un patrimoine, fruit du travail de tous les membres solidaires de cette collectivité. Là encore il faut choisir : ou bien l'enfant aussitôt né, l'abandonner à l'Etat en se désintéressant totalement de son sort ; ou bien le laisser grandir au sein de sa famille, en donnant à celle-ci, par la légitime possession et la libre disposition d'un patrimoine, le moyen de supporter cette charge. Et comme les patrimoines diffèrent, les situations sociales ne peuvent être équivalentes.

Malgré tout cela, est-ce un rêve, une chimère de penser que des hommes puissent vivre côte à côte sur le pied d'une parfaite égalité ? Non, mais écoutez à quelles conditions : « Le rêve dont on les leurre, écrit Jules Lemaître « (Les Rois), est d'ailleurs tout matériel au fond et tout « terrestre. Il s'agit de jouir de la terre et d'en jouir le plus « possible, moyennant un minimum d'efforts et de travail

« pour chacun. Mais il s'agit d'en jouir tous ensemble
« également et sans que le fort prenne la place du faible.
« Cela suppose une charité, une tempérance, un empire
« sur soi, des vertus enfin qui, jusqu'à présent, n'ont
« jamais eu de meilleur support que les croyances reli-
« gieuses. Bref, l'accomplissement de ce rêve païen exige-
« rait des vertus chrétiennes, des vertus dont l'essence est
« précisément de le répudier. » En fait, les seules sociétés
où une égalité véritable ait pu se maintenir, sont les congrégations religieuses. Pour arriver à son but d'égaliser les
conditions sociales, le collectivisme devrait donc travailler
à donner à tous les hommes des mentalités de moines. On
peut, je crois, affirmer sans crainte que, jusqu'à présent, il
ne s'est pas engagé dans une semblable voie.

4° Reste à examiner la plus spécieuse et la plus fausse,
peut-être, de toutes les assertions collectivistes. « Le travail !
s'écrie, dans le livre américain déjà cité, le socialiste
Foreman, le travail ! mais de sa vie le patron n'a pas travaillé. Est-ce que ses mains grasses et blanches, ornées de
bagues, ont l'air de mains de travailleur ? » A l'inverse de
l'antiquité païenne, il n'y a, pour les collectivistes contem-
porains, qu'un seul travail qui compte : le travail manuel.
Pour voir si un homme travaille, il y a un critérium : il n'y
a qu'à regarder ses mains. Or, on ne saurait trop fortement
s'élever contre cette conception toute matérialiste du labeur
de l'homme. Ce dernier n'est pas un animal dont le rendement se mesure à la seule force musculaire ; l'intelligence intervient pour augmenter, dans des proportions
considérables parfois, le rendement effectif. Voilà deux
peintres qui consacrent, à faire un tableau, le même temps
et la même quantité de couleurs, s'ensuit-il que les deux
œuvres seront comparables ? Deux écrivains composeront
chacun un volume ayant le même nombre de pages, les
deux écrits auront-ils la même valeur ? Et sans chercher
des exemples en dehors des professions manuelles propre-
ment dites, que de fois n'entend-on pas dire d'un ouvrier :
« Il se donne beaucoup de mal, il est plein de bonne

volonté, mais il ne sait pas travailler. » Ce qui manque à
cet artisan, c'est l'intelligence professionnelle, le goût, tout
cet ensemble de qualités où la force physique n'a rien à
voir, et qui différencient surtout les bons et les mauvais
ouvriers. Cela, c'est l'erreur capitale du collectivisme, nous
le verrons plus tard, de supposer que deux unités humaines
attelées à la même besogne manuelle effectuent un travail
équivalent ; c'en est une autre, peut-être aussi grave, de
croire que seul le travail manuel mérite salaire.

Le socialiste Foreman, dans le livre déjà cité, revient
d'ailleurs un peu sur ses appréciations trop sommaires, et
croit faire preuve, vis-à-vis du patron, d'un large esprit de
justice en disant : « Il faut, *pour être généreux*, lui allouer
un salaire égal au vôtre. » Ainsi, c'est, d'après cette théorie,
se montrer *généreux* vis-à-vis du patron que de lui accorder
le droit de prélever, sur la marchandise vendue dans son
atelier, un salaire *égal* à celui donné à ses ouvriers. Et
pourtant, que de fois n'avons-nous pas été témoins du
spectacle suivant : Une usine marchait bien et faisait de
bonnes affaires, le patron meurt, son fils prend la suite ;
quatre ans après, l'usine est en pleine déconfiture. Les
ouvriers n'ont pas changé, les contremaîtres sont restés les
mêmes. Demandez ce qui s'est passé, on vous répondra :
« Le père est mort, le fils ne se connaît pas en affaires. Et
voilà pourquoi l'usine marche à la ruine. » Et cela se
conçoit. Le rôle du patron dans une usine est capital ; sans
doute, il ne travaille pas de ses mains qui peuvent rester
« grasses et blanches », mais c'est lui qui achète les matières premières, qui règle les conditions de production des
marchandises et qui en assure le débouché. Et c'est là,
pour qui veut y réfléchir, un travail colossal qui engage
autrement de responsabilités et qui demande autrement de
connaissances que de tremper un outil ou de faire marcher
un métier.

De même que dans un orchestre, le personnage le plus
important — le chef d'orchestre — ne joue d'aucun instru-
ment, de même que dans une armée, le général en chef,

qui ne se bat pas de sa personne, est bien pourtant l'artisan principal de la victoire, de même dans une usine, le patron, bien que ne travaillant pas de ses mains, en est le rouage essentiel. Il mérite donc salaire et salaire exceptionnel ; d'abord à cause des *avances* qu'il fait pour fonder son industrie et sur lesquelles il court des risques dont il est juste qu'il soit indemnisé : « On a constaté que, sur cent entreprises, vingt échouent avant de commencer, soixante-dix végètent et dix seulement réussissent. » (Garriguet, *Production et profit.*) Ensuite, à cause de *l'aléa de la vente* du produit fabriqué. L'ouvrier est payé à la fin de la semaine, que la marchandise soit vendue ou non ; le patron doit attendre, pour être remboursé de ses avances, le bon vouloir d'un client, et le risque aussi mérite indemnité.

A cause, en troisième lieu, du choix judicieux des matières premières et de la découverte de débouchés avantageux, ce qui constitue l'œuvre personnelle et capitale de tout chef d'industrie. Enfin, à cause des *améliorations* qu'il peut apporter à la confection du produit manufacturé. Supposons que le patron trouve ou installe un procédé nouveau par lequel un ouvrier, sans se donner plus de mal, produise un travail double. A qui doit en revenir le bénéfice ? A l'ouvrier qui travaille dans les mêmes conditions de dépense physique, ou au patron dont l'intelligence industrielle a été la cause de cette surproduction ? La réponse ne saurait faire de doute. Et après examen de toutes ces raisons, on peut conclure, semble-t-il, en toute équité, que **lorsque le patron a donné à ses ouvriers des salaires conformes à la justice**, il peut, en toute tranquillité de conscience, mettre dans sa poche les bénéfices qui sont la légitime récompense de son travail.

En somme, les collectivistes prétendent que c'est dans le vol qu'il faut chercher l'origine de toute propriété, et nous avons démontré que c'était, au contraire, dans l'économie et la bonne administration d'un salaire honnêtement gagné. Ils s'insurgent contre les inégalités sociales, et nous avons remarqué qu'elles étaient la conséquence inévitable des inégalités physiques, intellectuelles et morales que présentent entre eux les membres de l'humanité. Ils dénient au patronat le droit de faire des bénéfices, et nous avons prouvé que ces bénéfices étaient légitimes, parce que la manière dont une usine est dirigée a plus d'influence sur la réussite des affaires que la valeur individuelle des ouvriers qui y sont employés.

Que reste-t-il alors des objections collectivistes ? A quoi se réduit cette fameuse théorie de Karl Marx sur la *plus value*, « cette vraie dynamite qui fera crouler la société actuelle », dont le socialiste Foreman nous a donné l'explication par l'exemple du patron bottier ? Et ne serait-ce pas le cas, à ce propos, de rappeler l'étrange aveuglement de ces hommes « qui condamnent la société par trois ou quatre raisonnements bien déduits, sans prendre garde à cet argument formidable qu'elle a toujours existé » ?

Qu'il soit bien entendu, toutefois, et en terminant j'insiste particulièrement sur ce point, qu'en proclamant la *légitimité* de la propriété privée, je ne prétends aucunement innocenter les abus dont elle s'est rendue coupable. La propriété privée est un privilège, un privilège légitime, mais un privilège ; or, comme tout privilège, elle est grevée de charges dont elle doit, en conscience, s'acquitter, sous peine de manquer à ses devoirs ; c'est faute de n'avoir sur ce point compris et mis en pratique les enseignements de l'Eglise, qu'on a pu arriver à « ce droit athée de propriété dans lequel l'homme se fait le dieu de sa propriété (Ketteler) », et qui, nous l'avons vu, a conduit, au siècle dernier, à de si déplorables abus. Mais de ce que certains abusent d'une chose, il ne faut pas conclure qu'elle soit mauvaise en principe ; ce serait se condamner alors à ne pas boire, parce qu'il y a des ivrognes, à ne pas se promener, parce qu'il y a des gens qui se tuent en montagne. Le droit de propriété, comme l'exercice de la marche, comme l'usage de la boisson, comme toute autre chose ici-bas, doit être renfermé dans de sages limites. Quand on les dépasse, on tombe dans l'exagération et dans l'erreur, car, comme l'a

dit Bossuet, « l'erreur n'est qu'une vérité dont on abuse ».
Avant de voir, dans la solution chrétienne, les obligations
de la richesse, nous avions d'abord à démontrer sa légitimité. Et c'est ce que j'espère avoir fait avec assez de clarté,
pour que cette question de principe soit admise désormais
par vous d'une manière réfléchie et définitive.

B. — La doctrine.

Après avoir examiné les objections du socialisme contre
la propriété privée, il convient d'aborder l'étude des doctrines socialistes et de voir quelle cité future nos adversaires comptent édifier sur les ruines de la société présente.
La tâche n'est pas sans difficulté, car si dans la critique de
ce qui existe nous les avons trouvés précis dans leurs
attaques, minutieux dans leurs enquêtes, unanimes dans
leurs réprobations, cette unanimité et cette uniformité ces-
sent dès qu'on aborde la grave question de l'organisation
future. Sur ce point on peut dire que les théories de ceux
qui se proclament socialistes varient presque à l'infini.

En tout cas, il importe tout d'abord d'en finir avec l'équivoque, adroitement entretenue par certains, qui fait du
terme de « socialiste » l'équivalent : « d'homme s'intéressant au sort des classes ouvrières ». — « Etre socialiste,
disait à la Chambre le 23 juin 1896, M. Gustave Rivet,
c'est souffrir de toutes les injustices, c'est protester contre
toutes les iniquités sociales, c'est être philanthrope. » A ce
compte-là, les catholiques sociaux compteraient parmi les
partisans du socialisme, et vous savez qu'ils le combattent.
S'il en était ainsi un des plus grands socialistes des temps
présents serait le Pape Léon XIII, et l'un des plus mar-
quants parmi les écrits socialistes serait l'Encyclique *Rerum
Novarum* sur la condition des ouvriers. Or Léon XIII,
en maints passages de ses écrits, s'élève avec une vigueur
tout apostolique contre le socialisme qu'il range au nombre

de ces « monstres effroyables qui sont la honte de la société
et qui menacent d'être sa mort ». (*Diuturnum.*)

Le socialisme est donc autre chose. C'est un système
d'organisation sociale complet, reposant dans sa partie
économique, la seule dont nous ayons à nous occuper
dans ces causeries, sur le *Collectivisme.* Cette constatation
résulte des déclarations des socialistes eux-mêmes. « N'est
pas socialiste à mon avis, disait M. Millerand dans son
discours de Saint-Mandé, celui qui n'accepte pas la substi-
tution nécessaire de la propriété sociale à la propriété individuelle. » En 1905, un socialiste connu, — dont les idées
seront souvent exposées dans le cours de cette causerie —
M. Georges Renard, crut intéressant de faire une large
enquête sur les divergences politiques du socialisme. La
première question adressée personnellement aux socialistes
de marque de tous les pays était ainsi formulée : « Recon-
naissez-vous comme but économique du socialisme la
transformation de la société capitaliste en un régime où la
propriété devenue collective pour les moyens d'exploitation
ne sera plus individuelle que pour les objets d'usage personnel ? » Or tous les déposants ont répondu sans exception
et très catégoriquement par l'affirmative, tous reconnais-
sent le collectivisme, le collectivisme intégral comme but
à atteindre. Enfin, pour ne pas prolonger inutilement les
citations sur ce point qui paraît à vos yeux, j'espère, suffi-
samment établi, bornons-nous à cette dernière constatation
que le règlement actuel du parti socialiste unifié exige de
ses adhérents l'acceptation des principes suivants : « Entente
et action internationale des travailleurs ; organisation politique et économique du prolétariat en parti de classe pour
la conquête du pouvoir et la socialisation des moyens de
production et d'échange, c'est-à-dire la transformation de
la société capitaliste en une société collectiviste ou com-
muniste. »

Voilà donc un point désormais acquis définitivement
pour nous. Dans le domaine économique, socialisme et
collectivisme sont deux termes synonymes et équivalents.

Exposé de la doctrine collectiviste.

La propriété individuelle n'existe plus, sauf pour les objets personnels de consommation et d'usage gagnés par le travail. Comme seule propriétaire, la société (qui correspond à l'Etat dans le système actuel) possédant en propriété totale et inaliénable toutes les terres, toutes les usines, tous les procédés de transport, en un mot tous les moyens de production et de répartition des richesses naturelles et manufacturées. — En dessous de l'Etat, de *vastes organisations professionnelles* chargées d'un double rôle : 1º renseigner l'Etat, par des statistiques minutieusement établies, sur le nombre des ouvriers de la profession, et le nombre d'heures qu'exige l'exécution de chaque travail confié à la profession ; 2º répartir entre tous les membres les travaux imposés par la société comme labeur social à l'ensemble de la profession, et rétribuer, au nom de la société, les travailleurs de leur travail.

Afin de fixer la société sur la nature et la quantité des produits à faire confectionner par chaque organisation professionnelle de manière à répondre aux besoins de l'ensemble du pays, *un bureau de statistique*, chargé chaque année d'évaluer d'*avance*, au moyen des renseignements fournis par l'expérience des années précédentes, la nature et la quantité à produire de denrées alimentaires, vêtements, matériaux de construction, etc..... et les transports à prévoir de ces différents objets pour répondre, pendant toute une année et sur tous les points du territoire, aux desiderata de tous les consommateurs. Les conclusions de ce bureau serviraient de bases à des comités directeurs élus par la nation et chargés d'organiser la production, la circulation et la mise en vente de tout ce qui aurait été considéré comme *besoin social*.

Prenons un exemple simple pour montrer le mécanisme de l'organisation collectiviste. Se basant sur la consommation de l'année précédente, sur l'augmentation probable

des naissances, etc., le bureau de statistique, dans les derniers jours de décembre 1911, évaluerait à 10 millions de kilog. de pain, par exemple, la consommation de 1912. L'organisation professionnelle de la boulangerie qui sait que, pour préparer et cuire un kilog. de pain il faut — supposons — une heure, en conclurait que le labeur social de la boulangerie serait de 10 millions d'heures, et si le nombre des boulangers est de 10.000, elle fixerait à 1.000 heures de travail annuel le labeur social de chaque boulanger.

Chaque individu, dans le système collectiviste, serait recueilli tout enfant par la société, qui se chargerait dès son plus jeune âge de son entretien et de son éducation. Vers 12 ou 13 ans, l'adolescent ferait dans les divers métiers des stages sommaires pour pouvoir choisir en toute connaissance de cause la profession où il s'engagera. Puis, parvenu à l'âge fixé par les règlements de la société, il s'inscrirait comme ouvrier dans une organisation professionnelle, sans être d'ailleurs tenu d'y rester aussitôt que le métier aurait cessé de lui plaire. La seule chose que la société exigerait de lui, c'est l'accomplissement des heures de labeur social fixées pour les ouvriers de la profession qu'il a embrassée.

Le travail de chaque citoyen se diviserait d'ailleurs en deux parties : *le labeur social* fixé par la société et dont celle-ci imposerait l'accomplissement *sous* peine de sanctions analogues à celles qui punissent aujourd'hui le réfractaire au service militaire, et le *travail facultatif* qu'il ferait en sus du premier.

On comprend les dispositions sévères que prendrait la société pour assurer l'accomplissement du labeur social, car c'est de l'exécution *intégrale* de ce labeur que résulterait la satisfaction de tous les besoins *essentiels* de la nation. D'ailleurs chaque citoyen serait bien obligé de l'accomplir pour vivre, puisque la rétribution de ce labeur correspondrait à la satisfaction de ses propres besoins essentiels (nourriture, vêtement, logement...)

Mais en système collectiviste, on pourrait aussi au nécessaire ajouter le superflu, le luxe, et c'est pour se le procurer qu'un individu pourrait se trouver amené à ajouter aux heures de labeur social, des heures de travail facultatif.

Pour le paiement de ces divers travaux, on ne recevrait aucun salaire en argent. La monnaie disparaîtrait en régime socialiste, car elle serait susceptible, si on n'y prenait garde, de donner naissance à la constitution d'un capital non *individuellement* utilisable, ce qui est contraire au dogme essentiel du collectivisme : que nul — sauf les enfants, les malades, les infirmes et les vieillards à la charge de la société — ne doit vivre autrement que du seul produit de son travail.

La société délivrerait donc des *bons sociaux* : « La société met en circulation des bons sociaux correspondant à la somme des heures de travail représentées par la somme des produits à distribuer. Ces bons sont, par les soins de chaque corps de métier, répartis entre les travailleurs de ce métier. Ils sont personnels, nominatifs, incessibles, et ils expirent avec celui qui en est titulaire. Chaque travailleur a son carnet, son compte courant pour ainsi dire, où sont marqués d'une part ce qu'il a droit de réclamer, et d'autre part ce qu'il demande au fur et à mesure de ses besoins (1). »

Muni de son carnet de comptes courants, chaque membre de la société n'aurait plus qu'à se présenter aux « entrepôts nationaux ou communaux » où se trouveraient rassemblées toutes les marchandises et denrées nécessaires à ses besoins. Chaque objet aurait sa valeur estimée en fractions de « bon social » et l'acheteur en prendrait possession, moyennant une inscription correspondante dans la colonne « dépenses » de son carnet de comptes.

Ainsi, par exemple, un citoyen voulant acheter 2 kilog. de pain (½ bon social), 1 kilog. de viande (1 bon social) et un pantalon (5 bons sociaux), recevrait au magasin administratif les objets demandés moyennant une dimi-

_____

(1) Toutes les citations de cette causerie non suivies de nom d'auteur sont extraites du livre de M. Georges Renard : *Le Régime socialiste.*

nution de 6 bons sociaux $\frac{1}{2}$ sur l'avoir figurant à son carnet de comptes courants.

Voyez, ajoutent les collectivistes, combien est désirable l'avènement d'une société pareille ; plus d'injustice tenant à l'inégalité des fortunes, puisque la suppression de l'héritage mettrait chacun dans des conditions initiales identiques ; plus de gens par conséquent vivant à ne rien faire, du travail des autres, diminution par conséquent du travail journalier à fournir par chaque individu pour assurer les besoins généraux de la société. « Quelques-uns ont calculé que quatre heures de travail par jour suffiraient amplement pour subvenir aux besoins essentiels. » D'ailleurs plus d'inquiétudes pour l'avenir, puisqu'on aura toujours sa part de labeur social à accomplir ; partant, plus de chômage, puisque le labeur à exécuter est partagé d'une manière rigoureusement égale par les organisations ouvrières. Procurant une telle augmentation de bien-être, « la société n'apparaîtrait plus que comme une bienfaitrice qui verse sur tous ses membres une pluie de bonnes choses. Comment ne pas vouloir passionnément sa prospérité ? » La seule concurrence qui s'établirait entre les individus serait « l'émulation de bien faire ». Les hommes se trouveraient amenés à « l'accomplissement spontané et joyeux de toutes leurs obligations envers les autres ». — « Le travail, dit Benoît Malon, serait alors un divertissement hygiénique, un devoir nettement accepté, où l'on irait en théories amicales, musique et bannière en tête, où l'on irait comme à une fête dans un entraînement à la fois affectueux et social..... »

On croyait le paradis terrestre définitivement perdu : les collectivistes viennent d'en découvrir l'entrée, et si l'humanité voulait bien les écouter, il n'y aurait qu'un coup d'épaule à donner pour en enfoncer la porte.

Examen de la doctrine collectiviste.

Je n'ai nullement la prétention, mes amis, de vous avoir développé dans tous ses détails la doctrine collectiviste :

son exposé remplit de gros volumes, et je n'ai pu par conséquent vous en donner qu'un aperçu d'ensemble. De même je n'ai pas la prétention d'apporter, dans les quelques pages qui vont suivre, la réfutation de tout le système : car cette réfutation pourrait, à elle seule, occuper de nombreuses réunions. Je me bornerai donc à deux points qui me paraissent particulièrement intéressants à examiner avec vous, le premier surtout.

1° Le collectivisme prétend que l'ouvrier est actuellement un esclave du capital, et que le régime futur lui donnerait bonheur et liberté. Est-ce exact ?

2° Est-il raisonnable de considérer comme pratiquement réalisable le système collectiviste au point de vue de l'appréciation, de la distribution et de la rémunération du travail ?

Le collectivisme et la situation ouvrière.

Liberté de la profession. — Le système collectiviste donnerait à l'ouvrier une liberté de choisir son métier que, paraît-il, il ne possède pas aujourd'hui. « Aujourd'hui, les divers métiers sont exercés par des gens dont le choix a été rarement libre... La plupart adoptent tel ou tel gagne-pain par routine ou par *contrainte* bien plus que par vocation. » Vous en étiez-vous doutés ? Ou bien vous êtes des exceptions dans le monde ouvrier, ou bien c'est par *contrainte* que vous êtes ajusteurs, menuisiers... ? Etrange affirmation ! Mais passons. En régime collectiviste, l'ouvrier serait-il si assuré de la liberté de la profession ? Si, par exemple, les besoins calculés comme nécessaires ne peuvent être satisfaits par les travailleurs de la profession correspondante, si ces besoins sont vraiment essentiels, si le système des primes — véritable accroc au principe collectiviste — ne donne rien, que faudra-t-il faire ? Ecoutez : « Si, après tout, il restait quelque besogne indispensable qui ne trouvât pas de preneur volontaire, la société pourrait toujours tenter les gens par une rémunération spéciale, ou même en faire un *service commandé* qui serait une *sorte de service militaire* dont *personne ne serait exempt.* » M. Jules Guesde, un des chefs du collectivisme français, est aussi de cet avis. Quant à Lassalle, un des fondateurs du socialisme allemand, s'appuyant sur ces deux principes, d'ailleurs plus que discutables, que la division du travail est la source de toutes les richesses, et que cette division du travail n'a pu être imposée à l'humanité que par l'esclavage, il conclut : « C'est donc un bien que l'esclavage se soit trouvé au berceau des nations civilisées... » Cela ne vous semble-t-il pas inquiétant ? Car la situation de l'ouvrier vis-à-vis de l'Etat tout-puissant ne serait-elle pas singulièrement comparable à celle de l'esclave vis-à-vis de son maître ? Et par suite, par une conséquence toute naturelle, la répartition du travail en régime socialiste n'aurait-elle pas pour résultat la reconstitution déguisée de l'esclavage, c'est-à-dire un recul de près de deux mille ans ?

Liberté de domicile. — « La liberté de domicile », dit Schaeffle, un des socialistes allemands qui, dans sa « Quintessence du socialisme », a peut-être, de tous les autres collectivistes, étudié avec le plus de soin l'organisation future, « la liberté de domicile pourra *peut-être* être conservée. » Et, en effet, rien de plus sage que ce doute. Que cherche la société en régime collectiviste ? Satisfaire avec le minimum de travail les besoins essentiels. Or, si les plaines de la Beauce, susceptibles de donner un meilleur rendement en blé que les montagnes de la Savoie, n'ont pas un nombre suffisant d'ouvriers pour faire rendre au sol tout ce qu'il est capable de produire, que faudra-t-il faire ? « Le système socialiste permet la distribution des engrais, des machines, d'un *surcroît de travailleurs* sur tous *les points où le besoin s'en fait le plus sentir.* » Ainsi donc, non seulement on ne sera jamais sûr de pouvoir rester à un endroit où l'on se plaît, — parce qu'on pourrait avoir un rendement social supérieur ailleurs — mais quand on se déplaira à un endroit on ne pourra pas le quitter sans trouver un permutant, parce que la société risquerait de perdre en rendement social par suite de ce changement. — Que le *peut-être* de Schaeffle semble voisin de la négation !

Liberté de consommation. — Dans la société collectiviste, pourra-t-on au moins obtenir la marchandise que l'on voudra en échange de son travail ? Pas nécessairement. Une réunion générale des représentants du pays aura, après examen des divers besoins, décrété que telles marchandises seraient fabriquées à l'exclusion de telles autres. Pour obtenir ce qu'on veut, il faudra donc deux conditions : 1º que l'Etat ait bien voulu produire la marchandise en question ; 2º que la répartition de cette marchandise ait été faite avec assez de précision entre tous les magasins sociaux pour répondre à toutes les demandes. Or, la première condition ne sera quelquefois pas remplie, et alors, bon gré mal gré, il faudra acheter autre chose ; la seconde ne le sera pas toujours, car il y a des besoins imprévus et immédiats qui ne peuvent attendre.

Nous reviendrons sur ce point tout à l'heure, mais dès à présent demandons-nous avec angoisse s'il est possible que dans un pays vaste comme la France, les magasins communaux gérés par une administration unique et centralisée soient *toujours* pourvus de *tout* ce qui est nécessaire.

Liberté de travail. — Quant à celle-là, elle est totalement supprimée. Le labeur social *doit* être fait sous peine de sanctions sociales, et encore une fois on comprend cette sévérité ; sans elle la société serait chaque jour exposée à mourir de faim. Mais ce labeur social accompli, l'ouvrier est-il libre, comme le prétendent les socialistes, de travailler davantage pour pouvoir ajouter à son nécessaire un peu de superflu ? Pas le moins du monde. D'abord, ce superflu existera-t-il ? C'est peu probable, car il entraînerait une augmentation du labeur social. Les ouvriers, en effet, qui travailleraient à la confection de pianos, de bijoux, etc..., seraient enlevés à la production des objets d'une nécessité absolue : par conséquent, la somme des heures de travail nécessaires pour satisfaire aux besoins sociaux se trouverait augmentée, et, par suite, le labeur social à fournir par chacun. Si les besoins essentiels demandent, par exemple, 4 milliards d'heures de travail, et les objets de luxe déclarés utiles 400 millions, le labeur total passerait de 4 milliards à 4 milliards 400 millions, d'où une augmentation de la part de chacun. Or, la première mission que recevront les représentants du pays ne sera-t-elle pas de réduire le travail social au minimum possible ? Donc les jouissances littéraires et artistiques que les socialistes prétendent mettre à la portée de tous, risquent fort d'être un leurre, et les seules jouissances de ce régime matérialiste se borneraient sans doute à la satisfaction des seuls besoins matériels. Mais supposons même qu'on puisse acheter un piano, ou une montre en or, comment l'ouvrier pourrait-il se procurer les bons de travail nécessaires pour cette acquisition ? En travaillant davantage dans son métier ? Mais alors, il diminue le travail des autres et par conséquent leur enlève leur gagne-pain. En effet, prenons la règle socialiste de détermination du travail social, supposons qu'il y ait un million de cultivateurs qui doivent fournir en labeur social 500 millions d'heures de travail pour produire les fruits agricoles nécessaires à la société, le labeur social de chaque cultivateur sera de 500 heures, et ses 500 heures de travail annuel lui donneront droit aux 500 bons de travail qui lui sont nécessaires pour se nourrir, se chauffer, etc... Supposons qu'un cultivateur travaille 1.000 heures, qu'en résulte-t-il ? C'est qu'un autre ne doit pas travailler et est condamné à mourir de faim. En régime socialiste donc, tout travail en dehors du labeur social devient un travail antisocial, parce qu'il ôte le pain de la bouche à un homme qui n'a *pas le moyen de le gagner autrement.* On arrive ainsi à d'étranges conséquences : « Une femme qui, avec son aiguille, raccommoderait, moyennant salaire, le pantalon de son voisin, pourrait, en système socialiste, être l'objet d'un procès verbal et d'une condamnation : elle aurait commis une

contravention comme celui qui aujourd'hui pêche ou chasse
en terrain prohibé. Et il est raisonnable qu'il en soit ainsi.
Car si on permettait l'appropriation sans condition et
l'usage arbitraire de l'aiguille, on serait amené à faire de
même pour la machine à coudre, pour la pioche, pour une
foule d'autres ustensiles, et l'unité du régime collectiviste
serait rompue. » (Leroy-Beaulieu : *Le Collectivisme*.)
Pourra-t-on, en régime socialiste, cultiver les légumes dans
son jardin ? La chose est douteuse. Une femme pourra-
t-elle confectionner les affaires de ses enfants ? Cela paraît
peu probable... Aimable régime de liberté ! !...

Liberté familiale. — Supprimée aussi. « Il ne s'agit
pas de détruire la famille, dit M. Renard, mais de la
régénérer. » Et comment cela? Par l'union libre et la
suppression de tout droit sur l'éducation des enfants. « De
même qu'aucune autorisation ne sera nécessaire pour se
marier, de même la volonté nettement exprimée de l'un
des conjoints suffira pour rompre le lien volontaire qu'ils
auront créé entre eux. » Quant à l'éducation des enfants,
placée, en tant que service public, « sous la direction
immédiate de la nation », elle échappera à la famille, dont
l'influence serait, pour l'enfant, « une séquestration morale ». — « J'estime, dit M. Renard, qu'il y a un véritable
abus de pouvoir dans cette espèce de claustration familiale
qui, trop souvent, empêche une intelligence bien douée de
choisir en connaissance de cause parmi les doctrines qui se
combattent. » — « L'important, avait déjà dit Benoît
Malon, est d'abolir radicalement l'autorité du père et sa
puissance quasi-royale dans la famille. L'enfant doit être
soustrait à cette autorité et placé sous la tutelle de l'Etat...
Les enfants ne sont-ils pas autant que les parents ? Pourquoi les contraindre à obéir? De quel droit? Plus d'obéis-
sance, sans quoi plus d'égalité. » — Comme, d'autre part,
« l'entretien de l'enfant est mis à la charge de la commu-
nauté », on reste rêveur devant cette « famille régénérée »
dont les parents peuvent se quitter quand bon leur semble

et qui n'ont à s'occuper de leurs enfants ni au point de vue de leur entretien physique, ni au point de vue de leur éducation.

Liberté de conscience. — Celle-là aussi, affirment hautement les socialistes, sera respectée. Mais écoutez comme ils la comprennent. « Le socialisme veut la liberté entière de l'homme, mais ici il ne faut pas qu'il y ait d'équivoque. Il n'est pas un mot plus élastique que le mot de liberté, c'est un pavillon qui couvre toute espèce de marchandises. Sous prétexte de liberté des cultes, les champions du plus radical des libéralismes toléreraient en tout état de choses les pratiques religieuses, c'est-à-dire le danger avéré du viol intellectuel des enfants, risquant d'être mis par leur cerveau déformé dans l'impuissance morale d'exercer sciemment leur faculté de vouloir... Ces libertés, prodigalement accordées à quelques-uns, sont aussi fondées que le serait la liberté pour l'aiguilleur de manœuvrer les aiguilles et d'opérer les changements de voie de ses caprices. » (Gabriel Deville. Préface d'un commentaire sur le Capital de Karl Marx paru en 1883.)

D'ailleurs, quand bien même les socialistes n'auraient pas la franchise de faire des aveux si nets, on pourrait se demander quelle pourrait être la liberté de conscience sous un régime qui n'admettrait de desservants d'un culte, que si cette fonction était cataloguée comme *besoin social* par la majorité des citoyens ; sous un régime où l'Etat, unique propriétaire de toutes les presses et de toutes les librairies, ne laisserait sortir de ses imprimeries que les seuls livres auxquels il donnerait son approbation. Jamais censure, sous le régime le plus despotique, n'a équivalu à ce que serait la possibilité pour l'Etat de n'imprimer que les seuls livres qui lui conviennent.

Injuste rémunération du travail. — Au moins, dans le régime socialiste, le travail de l'ouvrier sera-t-il rémunéré justement ? Pas le moins du monde. Dans un pareil régime, concentré et unitaire, il n'y a que deux modes possibles de paiement : le travail à l'heure, payé au même taux pour tous les ouvriers de France, ou le travail à la tâche, payé uniformément aussi d'un bout à l'autre du pays. Le travail sera-t-il payé à l'heure ? Paiera-t-on par un même bon social l'heure de travail d'un architecte, d'un maçon, d'un manœuvre, d'un juge, d'un chiffonnier ? Rien de plus injuste, n'est-ce pas ? D'ailleurs, vous en devinez les conséquences : affluence dans les métiers agréables, insuffisance dans les métiers pénibles ou dangereux. Paiera-t-on tant de bons de travail pour tel objet produit ? Rien de plus injuste encore. Prenons, en effet, l'exemple classique donné par les socialistes. Supposons que les 5oo.ooo hectolitres de blé nécessaires à la consommation seront produits par 2.ooo.ooo d'heures de travail : rien de plus facile que de payer ce travail, disent les collectivistes ; si 2 millions d'heures de travail ont produit 5oo.ooo hectolitres de blé, 1 hectolitre correspond à 4 heures de travail, et par conséquent autant d'hectolitres, autant de fois 4 bons sociaux. Mais là encore, rien de plus injuste. Est-ce que l'hectolitre de blé ne se produit pas plus facilement en Beauce qu'en Savoie, en Normandie que sur le Plateau Central ? Est-ce que l'extraction d'une tonne de charbon ne demande pas des efforts différents suivant qu'on est à Lens, à Decazeville ou à Saint-Etienne ? — Pour parer à cet inconvénient, les socialistes proposent de multiplier chaque objet fabriqué par son coefficient de « pénibilité » fixé par une entente entre tous les travailleurs. Voyez-vous « l'ensemble des travailleurs » déterminant le coefficient de pénibilité de chaque champ de France ? En fait, les socialistes ne peuvent arriver à sortir de cette difficulté, et Schaeffle est obligé d'avouer que « c'est là le point le plus faible et le plus obscur du programme socialiste ». Etrange prétention alors, de prôner comme donnant un plus juste salaire un régime qui n'a pas d'idée arrêtée même sur la manière dont le salaire sera établi. — Quand on les pourchasse par ces questions d'un intérêt primordial, les socialistes se récusent : « Nous ne pouvons, ni ne prétendons, dit M. Renard, tracer par le menu l'aménagement d'une société *dont la charpente n'est même pas établie.* » C'est être alors d'une hardiesse bien étrange que d'affirmer à priori que cet aménagement fera le bonheur de l'humanité !

Je pourrais appeler votre attention sur bien d'autres points ou obscurs, ou illogiques, ou tyranniques, en continuant à examiner la situation que le socialisme réserve à l'ouvrier. Je n'en ai pas le temps, ce que je vous ai dit suffit, j'espère, pour vous montrer que cette société future ressemblerait à une immense Assistance par le travail, où chacun recevrait sa gamelle pour un labeur étroitement délimité, exécuté en un lieu fixé et dans des conditions déterminées par le seul patron tout-puissant, aux serres duquel nul ne pourrait se soustraire : l'État ; que ce travail ne serait ni soutenu par les consolations de la religion, ni égayé par les douceurs de la famille, ou par les jouissances intellectuelles et artistiques ; que la vie serait sans joie, sans idéal, sans espoir d'amélioration. Quelle différence y aura-t-il entre l'ouvrier d'alors et l'esclave d'autrefois ? Le terme fatal et définitif du collectivisme, c'est l'esclavage. Sous prétexte qu'il y a aujourd'hui trop de prolétaires, on rêve d'instaurer le prolétariat universel !

Impossibilité pratique du système.

Vous vous souvenez de l'organisation théorique du collectivisme : des comités, élus par le suffrage universel, chargés de diriger la production, la circulation et la vente de tous les produits déclarés *besoins sociaux* par les délégués de la nation.

Inutile d'insister longtemps, n'est-ce pas, pour vous montrer ce que sera l'estimation des besoins pour une population de 46 millions d'âmes. On invoque la statistique, mais la statistique ne peut donner que des quantités *moyennes :* or, il ne suffit pas qu'on ait l'année suivante une grande récolte de blé, si on n'a pas dans l'année courante la récolte nécessaire. Pense-t-on pouvoir par des réserves parer aux conséquences d'une sécheresse générale, ou de pluies continuelles amenant des inondations ? C'est bien douteux. Et encore si cela, à la rigueur, pouvait paraître possible pour du blé qui peut se conserver, cela serait-il possible pour des denrées qui nécessitent une consommation immédiate ? — On dira peut-être : « On achètera à l'étranger. » Mais en payant comment ? L'argent n'existe plus, en système socialiste, donc l'échange d'un produit ne peut se faire, entre Etats, que contre un autre produit. Or, l'Etat auquel on voudra acheter du blé, si le blé manque, n'acceptera en échange que les objets lui faisant défaut dans ses magasins propres. La commission devra donc prévoir non seulement les besoins sociaux du pays, non seulement les déficits possibles de production, mais encore les objets susceptibles d'être acceptés par les autres Etats auxquels on fera appel pour combler ces déficits. Il est à remarquer que le cas se présentera annuellement, car on aura tout autant besoin en régime socialiste que dans le régime actuel de coton, de café, de pétrole, etc..., qui nous viennent nécessairement de l'étranger. Comment croire que des hommes oseront se charger d'un pareil travail, lorsque la conséquence d'une erreur pourrait être une famine irréparable, car ces hommes tiendraient vraiment entre leurs mains « la vie et la mort » de leurs compatriotes ?

L'estimation des besoins faite, comment croire qu'il sera possible d'évaluer le temps de fabrication de chaque objet assez exactement pour que dans tout l'ensemble du pays on puisse arriver au nombre précis d'heures de labeur social à demander à chaque profession pour répondre à toutes les demandes des consommateurs ?

Cette évaluation même supposée faite, comment croire qu'un comité ou une organisation professionnelle puisse répartir les divers travaux entre les ouvriers de la profession dispersés sur tout le territoire de telle façon que, chacun fournissant un travail égal, il n'y ait dans la production ni déficit, ni gaspillage ? Et, insistons toujours sur ce point, comme il n'y a qu'un seul patron producteur, l'Etat, la moindre erreur d'estimation des besoins ou de répartition du travail peut avoir des conséquences irréparables.

Enfin, comment s'imaginer que cette immense comptabilité des magasins nationaux et communaux, avec tous les citoyens, puisse se faire d'une manière exacte ? En effet. point de monnaie, « cet équivalent général commode » (Leroy-Beaulieu) accepté par tous et susceptible de transformations commerciales indéfinies, mais des « bons de travail » *incessibles* et *personnels*. Ces 46 millions de carnets de comptes courants à tenir quotidiennement à jour, voilà un travail qui ne manque pas d'effrayer Schaeffle lui-même : « Au point de vue pratique, écrit-il, l'Etat socialiste unitaire pourra-t-il venir à bout de l'énorme comptabilité que le régime collectiviste nécessiterait ? »

Je n'insiste pas davantage, je me borne à effleurer ces questions, faute de temps. J'omets volontairement de vous parler d'autres difficultés aussi graves que le collectivisme ne peut arriver à résoudre, et je conclus.

Rétablissement déguisé de l'esclavage sous un gouvernement tout-puissant, incapable de remplir sa mission colossale et faisant tôt ou tard, par un manque de calcul, de surveillance ou de prévoyance, mourir de faim ou de froid une portion plus ou moins grande de la nation, voilà ce qui semble devoir être le résultat le plus net du collectivisme.

Certes, c'est de toutes nos forces qu'il faut repousser un pareil régime ; mais pour arriver plus sûrement à ce but, il est nécessaire d'étudier par quels procédés le socialisme compte se substituer à l'organisation actuelle : ce sera l'objet de notre causerie prochaine.

C. — Méthodes de réalisation.

Si on considère l'histoire du socialisme au point de vue des méthodes de réalisation auxquelles il s'est successivement proposé de recourir pour son établissement, on constate que depuis 1848, époque à laquelle il commence à apparaître constitué en corps de doctrine, il a passé par trois phases bien distinctes.

Dans une première phase, celle qui va de 1848 aux abords de 1860, il préconise l'insurrection, le coup de force. La transformation sociale devait se faire les armes à la main par voie de révolution politique. C'est la méthode de Blanqui qui conduit aux sanglantes journées de juin 1848, et qui, « à chaque tentative de réalisation pratique, a amené le rapprochement de tous les éléments de réaction, oubliant leurs discordes et leurs rivalités dans le sentiment d'un péril commun. » (Hitier.)

A ce socialisme de barricades ne tarda pas à se substituer le socialisme marxiste, décoré du nom prétentieux de socialisme scientifique. D'après Karl Marx, point n'était besoin pour l'avènement du collectivisme de fomenter des émeutes ; la transformation de la société capitaliste en société collectiviste était une évolution économique nécessaire, inévitable, scientifique, contre laquelle rien ne pouvait prévaloir. En effet, disait en substance Karl Marx, le propre de la production moderne est de fonder de vastes sociétés anonymes de plus en plus puissantes pour obtenir et vendre à meilleur compte les produits manufacturés. Mais la fondation de chacune de ces sociétés, par la concurrence écrasante qu'elle crée aux petits commerçants et aux petits industriels, force un certain nombre de ceux-ci à disparaître. Chaque jour donc, par la faillite de ces petits commerçants, de ces petits industriels, le nombre des patrons diminue, le nombre des salariés augmente. Emportées d'ailleurs par le besoin de produire au meilleur marché possible pour amener la ruine d'un nombre toujours plus grand de concurrents, les grandes sociétés capitalistes cherchent à ne rémunérer les travailleurs que par des salaires toujours décroissants. Il y a donc deux phénomènes qui, nécessairement, se poursuivent parallèlement et simultanément : la concentration progressive des capitaux ou, en d'autres termes, la diminution du nombre des patrons d'une part et, d'autre part, la paupérisation progressive des masses prolétariennes de plus en plus nombreuses. Qu'arrivera-t-il ? C'est qu'un jour, dont l'échéance est fatale, la fortune publique étant concentrée en quelques mains et la misère des travailleurs étant poussée à l'extrême, il suffira d'un simple mouvement de colère ouvrière pour faire exproprier par l'Etat ces quelques capitalistes dont la fortune ne s'est établie que sur l'expropriation de tous les petits industriels ou commerçants successivement acculés à la ruine. Plus les fortunes seront concentrées d'ailleurs, plus l'opération sera simple. Dans une phrase lumineusement concise, Karl Marx résume les deux phases de cette évolution : « Il s'agissait ici de l'expropriation de la masse par quelques usurpateurs, il ne s'agira désormais que de l'expropriation de quelques usurpateurs par la masse. »

Cette doctrine était séduisante, quelques exemples habilement choisis semblaient lui donner raison, et pendant de nombreuses années, les collectivistes attendirent ce grand soir où la fortune de quelques milliardaires passerait presque sans secousse dans les caisses de l'Etat collectiviste constitué. Mais, comme sœur Anne, ils ne voyaient rien venir, et pour cause, car cette fameuse théorie de la concentration des entreprises qui, suivant la pittoresque expression de M. Gide, « est l'épine dorsale de la doctrine marxiste », est quotidiennement démentie par les faits. L'*Année sociale internationale* de 1910 (pages 613 et suiv.) donne, à ce sujet, des statistiques convaincantes. C'est ainsi que, en France, le nombre des patentés passe de 1.140.421 en 1871 à 1.513.856 en 1904; qu'en 1896, 30 %

des établissements commerciaux n'employaient pas plus de 4 salariés ; et que la proportion du personnel salarié travaillant dans ces établissements commerciaux (de 1 à 4 salariés) était de 51 % de l'effectif total. — Dans l'industrie, bien que plus faibles, les chiffres sont encore importants. 85 % des établissements industriels, en 1896, n'avaient pas plus de 4 salariés, et la proportion des salariés employés dans ces établissements était de 24 % de l'effectif total. « Les métiers qui exigent un machinisme développé et centralisé sont destinés à passer dans leur ensemble aux mains des capitalistes. Mais il est d'autres métiers dont la longévité paraît assurée, tels les métiers alimentaires : boucherie, boulangerie, charcuterie, pâtisserie, confiserie, tels les métiers du vêtement : tailleurs, cordonniers, couturières, modistes, lingères, blanchisseuses ; tels ceux du bâtiment..... tels encore les coiffeurs et généralement tous les métiers indispensables dans les petites villes et villages : selliers, charrons, ferblantiers, etc... Le petit commerce tient tête aux grands magasins, surtout pour les spécialités qui se débitent journellement par petites quantités : épicerie, mercerie, papeterie, pharmacie, denrées alimentaires, boissons. » (A. S. I., pages 614 et 615).

Quant à la propriété rurale, chaque année elle se morcelle davantage : « Nous pouvons affirmer en toute certitude qu'en France, les exploitations rurales, loin de se concentrer, tendent à se démembrer, « déclarait le rapporteur du projet de loi sur la constitution d'un bien de famille insaisissable (22 juin 1909). Le 14 mars 1909, le ministre de l'Agriculture empruntait, pour montrer ce phénomène, la comparaison de M. de Foville : « Mettez votre montre à 3 h. 50 et regardez-la marcher pendant cinq minutes. A gauche, l'aiguille des minutes monte rapidement, c'est la petite propriété qui progresse ; à droite, l'aiguille des heures s'abaisse lentement, c'est la grande propriété qui fléchit. » C'est ainsi qu'en 1892, sur 6.665.000 hommes travaillant la terre, il y avait en France 3.605.000 chefs d'exploitation, propriétaires, fermiers ou métayers, — formant avec leur famille un total de plus de 8 millions et demi de personnes — contre 3.060.000 auxiliaires ou salariés, journaliers ou domestiques de ferme.

Aussi, la doctrine marxiste sur l'établissement de la société collectiviste a-t-elle vécu. Les socialistes eux-mêmes l'ont presque tous abandonnée, et l'un d'eux, l'Allemand Bernstein, a été jusqu'à la déclarer inadmissible.

Nous arrivons à la troisième phase, la phase contemporaine. Dès lors qu'il devenait manifeste que le régime collectiviste ne pouvait s'établir tout seul, de quelle manière convenait-il de travailler à sa réalisation ? A cette question, il y a dans le camp socialiste deux réponses contradictoires à l'heure actuelle. « Par la manière forte », disent les uns, les violents, les adeptes de la grève générale. « Par la manière douce », proclament les autres, les juristes, les partisans du néo-socialisme ou socialisme juridique.

La solution violente.

On pourrait croire à première vue que la solution violente, préconisée notamment par les collectivistes de la C. G. T. est une résurrection de la doctrine insurrectionnelle de Blanqui. Il n'en est rien. Blanqui cherchait à provoquer des mouvements politiques ; aujourd'hui les collectivistes de la C. G. T., s'appuient sur les organisations économiques et professionnelles ; autrefois les blanquistes faisaient le coup de feu sur les barricades, aujourd'hui les collectivistes de la C. G. T. veulent faire capituler la société par l'abstention systématique et l'arrêt simultané de tout travail.

Pour les tenants de la doctrine violente, « la lutte des classes » est le dogme fondamental ; les organisations professionnelles sont des organismes de combat embrigadés pour la bataille future : pour les tenir en haleine de temps à autre, il est bon qu'une grève, par les douleurs qu'elle engendre, vienne raviver les haines et faire désirer avec plus d'ardeur la mêlée finale où, sous l'universelle ruée de toutes les organisations fédérées, la société capitaliste s'écroulera définitivement vaincue. Les grèves partielles, ce sont les grandes manœuvres destinées à tenir les troupes en haleine pour la bataille définitive de la grève générale. Aussi, rien de plus à craindre que les lois sociales qui, en donnant un bien-être réel à la classe ouvrière, la détourneraient de la révolution sociale. « Plus la bourgeoisie sera ardemment capitaliste, plus le prolétariat sera plein d'un esprit de guerre et confiant dans la force révolutionnaire, plus le mouvement sera assuré... Si, au contraire, les bourgeois égarés par les blagues des prédicateurs de morale ou de sociologie, reviennent à un idéal de médiocrité conservatrice, cherchent à corriger les abus de l'économie et veulent rompre avec la barbarie de leurs anciens, alors une partie des forces qui devaient produire la tendance du capitalisme est employée à l'enrayer, le hasard s'introduit et l'avenir du monde est complètement indéterminé. Cette indétermination augmente encore *si le prolétariat se convertit à la paix sociale* en même temps que ses maîtres, ou même simplement s'il considère toutes choses *sous un esprit corporatif*, alors que le socialisme donne à toutes les constatations économiques une couleur générale et révolutionnaire. » (Sorel, « Réflexions sur la violence », *Mouvement socialiste*, 15 janvier 1906).

Et c'est ce qui explique le vote au congrès d'Amiens (1906) de la proposition suivante : « Considérant que les lois ouvrières en projet telles que l'arbitrage obligatoire, la participation aux bénéfices, le contrat collectif de travail, etc.., ont toutes pour objet d'entraver le développement du syndicalisme et d'étrangler le droit de grèves, le congrès invite les fédérations à se préparer à faire une agitation énergique contre tout projet tendant à l'étrangler. » Traduction : ne rendons pas l'ouvrier heureux pour qu'il ne cesse pas d'être révolutionnaire. D'après ces collectivistes, la société future aurait comme marraines la haine et la force « accoucheuse des sociétés. » (Gustave Hervé.)

Cette méthode de réalisation du collectivisme est-elle

susceptible d'un résultat sérieux ? Cela ne semble pas probable. La haine par nature est essentiellement stérile, bien des ouvriers commencent à s'en apercevoir. La grève générale est-elle réalisable ? Beaucoup commencent à en douter. « Si le parti socialiste parce qu'il est le premier bénéficiaire de sa politique, croit ou affecte de croire encore à la révolution brusque et catastrophique d'où sortira toute faite la société nouvelle, les travailleurs des syndicats ont perdu ou perdent tous les jours leur ancienne foi naïve à l'irruption soudaine de la cité future. L'éducation économique reçue dans les groupements syndicaux les détourne peu à peu de ce fidéisme puéril ; ils comprennent mieux que les transformations sociales ne peuvent être l'objet d'un coup de baguette magique, qu'elles seront, au contraire, le lent résultat d'un effort quotidien et personnel. La grève générale elle-même, mythe fondamental du syndicalisme à ses débuts, espoir suprême et suprême pensée des dirigeants romantiques, n'a plus aujourd'hui qu'une valeur symbolique très relative. L'année 1908, notons le incidemment, a marqué le commencement d'une évolution ouvrière dans le sens d'une compréhension plus logique des réalités et des possibilités. » (*Année sociale internationale 1910*, p. 595-596.) En d'autres termes, le syndicalisme contemporain, instruit par l'expérience, tend de plus en plus à se détourner de l'idéologie révolutionnaire pour s'engager sur le terrain pratique des améliorations économiques. Qui sait si, sur ce terrain, il n'arrivera pas à s'apercevoir que le collectivisme, en qui s'incarnaient ses espoirs d'antan, est un régime incompatible avec la liberté et la dignité ouvrières ?

Socialisme juridique.

A côté de ces violents, un nombre de socialistes de jour en jour plus nombreux préconise une méthode nouvelle. Pas d'agitations violentes qui jettent dans la réaction les bourgeois apeurés, mais une déformation progressive de la législation, dans le sens collectiviste, de manière à faire sanctionner par la loi chaque pas nouveau fait vers la société future, chaque coup nouveau porté à la société capitaliste. « S'introduire dans la cité bourgeoise pour y bâtir souterrainement les substructions d'une cité socialiste, tel est le plan de campagne. » C'est en d'autres termes la doctrine de *l'évolution* substituée à la doctrine de la *révolution*. Et, soit dit en passant, rien n'est plus intéressant que de voir des révolutionnaires convertis se rallier à cette nécessité, tant proclamée par les catholiques sociaux, d'une évolution lente, méthodique, progressive dans l'amélioration des classes ouvrières. Pour les uns comme pour les autres, la méthode est la même, le but seul est différent : pour les révolutionnaires, c'est l'établissement du régime collectiviste ; pour les catholiques, c'est la reconstruction sur la morale évangélique d'une société nouvelle.

Les socialistes changeant d'idées ont, par le fait même, changé de méthode. Dès lors qu'il s'agissait d'opérer progressivement par voie législative, le passage du régime bourgeois au régime collectiviste, il fallait se faire nommer députés, sénateurs et si possible ministres. Et c'est ce qui s'est produit. Et voilà pourquoi il y a des socialistes qui, après avoir jadis crié bien haut avec M. Jules Guesde que « les sièges du Palais Bourbon étaient faits pour les hémorroïdes des bourgeois », sont maintenant, à l'exemple de M. Jules Guesde, députés ou sénateurs en attendant de devenir ministres.

Parvenus ainsi à mettre un pied dans la place, comment allaient-ils manœuvrer au mieux des intérêts de la cité future ? En sapant *légalement* les bases sur lesquelles repose la société actuelle : la religion, la famille et la propriété. Pour la famille, il y avait, hélas ! peu à faire : mal remise des secousses révolutionnaires, la famille, depuis vingt ans, n'a cessé d'être en butte à l'hostilité des différents partis au pouvoir.

La tâche la plus ardue évidemment était la destruction méthodique et légale de la propriété. Car, étant la minorité, ils ne pouvaient faire voter les lois qu'avec l'appui des partis bourgeois avancés. Or, le bourgeois radical n'a jamais passé pour se désintéresser de ses propriétés personnelles. Pour faire démolir pièce à pièce par des bourgeois les lois qui protègent la société bourgeoise, il fallait trouver un épouvantail à agiter, un spectre à sortir toujours au moment des hésitations : cet épouvantail, ce spectre, les législateurs collectivistes l'ont, hélas! admirablement choisi : c'est l'anticléricalisme.

Lancé par un bourgeois, Gambetta, le cri de guerre : « Le cléricalisme, voilà l'ennemi ! » a été repris avec acharnement par tous les élus socialistes. Non pas que ceux-ci aient tous contre la religion la haine farouche, épileptique du franc-maçon radical, mais parce que, spéculant sur cette haine, ils sont arrivés à faire voter les lois les plus attentatoires à la propriété privée, et à créer ainsi pour l'avenir des précédents légaux d'une incontestable gravité. Dans le programme officiel du parti ouvrier rédigé par MM. Jules Guesde et Paul Lafargue, la méthode était clairement indiquée : « Il faut habituer les masses à reprendre ce qui leur a été enlevé, à exproprier les expropriateurs. *Une fois entrée dans cette voie des restitutions, il n'y a pas de risque que la classe ouvrière mise en appétit s'arrête. C'est par la propriété ecclésiastique qu'on commence, c'est par la propriété capitaliste qu'on finit.* » — « Cléricale ou laïque, écrivait en 1900 le journal *Le Socialiste,* la propriété bourgeoise est une, le morceau que les prolétaires seront mis à même de recouvrer ne fera que leur ouvrir l'appétit. Une fois l'opération commencée, ils la continueront et ne s'arrêteront que quand ils l'auront complétée, c'est-à-dire quand ils auront repris le tout. » Rien de plus juste : le principe de propriété est vrai pour tout le monde ou pour personne. On ne peut décréter sa violation pour une catégorie de citoyens, sans que le principe perde sa valeur pour toutes les autres. « Que les capitalistes, disait déjà Cazalès à l'Assemblée constituante, pensent donc que toutes les propriétés se touchent et que quand on en a volé une, on est prêt à les voler toutes. »

Et, lancés sur cette pente de l'anticléricalisme, les Chambres ont voté deux lois très graves au point de vue social, le seul sous lequel je veuille les examiner aujourd'hui : la loi de 1901 sur les associations et la loi de spoliation des biens de l'Eglise.

Vous connaissez sommairement les dispositions du Titre III de la loi de 1901 : « Les congrégations existantes au moment de la promulgation de la présente loi, qui n'auraient pas été antérieurement autorisées ou reconnues, devront, dans le délai de trois mois, justifier qu'elles ont fait les diligences nécessaires pour se conformer à ces prescriptions. » (Art. 18.) « Faire les diligences nécessaires », c'était faire une demande d'autorisation, en donnant « l'état inventorié des biens meubles et immeubles, et la liste complète des membres » composant la congrégation. (Art. 15.) Vous savez ce qui s'est passé. Les congrégations ont demandé l'autorisation. En bloc cette autorisation leur a été refusée, et alors, aux termes du même article 18, « la liquidation des biens détenus par les congrégations a eu lieu en justice », et « le produit de la vente, ainsi que toutes les valeurs mobilières, ont été déposés à la Caisse des dépôts et consignations ». A vrai dire, on peut lire un peu plus loin dans le même article que « des allocations en capital ou sous forme de rentes viagères *pourront* être attribuées aux membres de la congrégation dissoute qui n'auraient pas de moyens d'existence assurés ou qui justifieraient avoir contribué à l'acquisition des valeurs mises en distribution par le produit de leur travail personnel. » Et alors des gens viennent vous dire : « De quoi se plaignent les congréganistes ? On leur prend leur capital, c'est vrai, mais c'est forcé, puisque la congrégation est déclarée inexistante légalement ; en revanche, voyez, on leur distribue les revenus, on les empêche de souffrir de la misère. Comment, dans ces conditions, prétendre qu'ils ont été volés ? » D'abord remarquons les termes : « Les congréganistes *pourront* recevoir... », ce n'est pas un droit, c'est une faveur. Etrange faveur que celle qu'on accorde à quelqu'un de toucher les revenus des biens dont il est légitimement propriétaire, car enfin les acquisitions congréganistes avaient été passées devant notaires, tout comme les autres. Ensuite et surtout voyons combien le procédé devient simple et pratique pour l'expropriation universelle. Supposons que demain une loi vienne décréter que les seules concessions minières pouvant exister seront celles qui seront pourvues d'une autorisation légale. Les sociétés anonymes minières demandent cette autorisation, on la leur refuse. Du coup elles ont cessé d'exister. Les biens de ces sociétés, en vertu du précédent des congrégations, et malgré certains articles de lois actuellement existantes qu'il est facile de changer au moment opportun, peuvent être « liquidés en justice », et leur produit « versé à la Caisse des dépôts et consignations ». Pour adoucir les réclamations on dirait aux actionnaires : « Vous n'avez plus le capital, c'est entendu ; mais votre vie durant vous aurez les intérêts. De quoi vous plaignez-vous ? » Croyez-vous que les actionnaires n'auraient pourtant pas à se plaindre de voir leur titre de propriété, négociable à leur volonté, et transmissible à leurs héritiers, transformé en une simple rente viagère ? Lisez les écrits collectivistes. Parmi les moyens préconisés pour faire passer dans la main de l'Etat, sans charge de rachat par la société, les grandes entreprises comme les mines, les assurances, les compagnies de chemin de fer, etc..., quel est, parmi les divers procédés, celui qui est considéré comme le plus pratique ? Celui qui consiste à appliquer aux grandes compagnies le procédé suivi pour les congrégations religieuses. Vous voyez donc toute l'importance au point de vue collectiviste de cette loi de spoliation.

Plus graves encore sont les conséquences de la loi sur la dévolution des biens ecclésiastiques. Je n'ai point à examiner aujourd'hui devant vous les raisons si sages et si justifiées qui ont conduit le Pape à repousser la formation des « associations cultuelles » qui devaient recevoir ces biens d'Eglise. J'insiste simplement aujourd'hui sur les deux graves atteintes portées légalement au Code civil par cette loi de dévolution.

1º Jusqu'ici il avait été admis que quand une donation avait été faite sous la condition nettement formulée d'une charge bien définie, la non exécution de cette charge amenait *ipso facto* la résiliation du don. Or, toutes les fondations pieuses faites à charge de dire des messes pour le repos de l'âme des défunts ont été confisquées par l'Etat, qui a déclaré n'avoir pas à s'aquitter des charges dont ces fondations étaient grevées.

2º Des biens avaient été donnés aux fabriques, les fabriques sont supprimées et ne sont remplacées par rien ; à qui vont revenir ces biens ? Aux héritiers *naturels* des donateurs, dit le Code civil. Aux *seuls* héritiers *directs,* c'est-à-dire aux enfants et petits-enfants, à l'exclusion des neveux et cousins, décrète la loi. Et comme beaucoup de biens de fabriques avaient été donnés par des prêtres, la très grosse part des biens d'église rentre ainsi, au mépris de toute justice, dans les caisses de l'Etat.

Pourquoi cette double violation du Code civil ? M. Briand va nous le dire : « Chaque fois que dans ce pays on a envisagé les fondations, c'est avec le sens de l'intérêt collectif opposé à l'intérêt particulier. » (*J. O.,* 3o octobre 1907, p. 1996.) Or, comme l'intérêt collectif est que l'Etat garde les biens plutôt que de les rendre aux héritiers, il les garde. On peut aller loin avec cette théorie... D'ailleurs M. Briand croit pouvoir rassurer sa conscience en affirmant qu'il respecte, en agissant ainsi, les intentions des donateurs. « Si les donateurs agissent ainsi (faire des fondations de messes), c'est pour assurer le salut de leur âme, c'est pour se recommander au ciel dans le dessein de se rendre agréables à Dieu. Et si, alors que la somme destinée à ces œuvres ne reçoit plus cette affectation, il était possible aux auteurs des fondations de choisir entre des parents plus ou moins éloignés et les indigents, il *est certain* qu'ils opteraient pour la dernière alternative, pour l'aumône faite aux pauvres qui, elle aussi, est œuvre pieuse. » (*Ibid.,* page 1999.) En d'autres termes, M. Briand suppose que les morts, mis en présence de la situation actuelle, donneraient leurs biens comme les partage M. Briand, et c'est cette supposition qui empêche M. Briand de résoudre la question dans le sens indiqué par le Code civil.

M. Beauregard a répondu avec infiniment de justesse. « Monsieur le Ministre a dit : « Mais je suis avant tout le défenseur des pauvres. » C'est très bien de faire la charité, mais je n'aime pas beaucoup qu'on la fasse en prenant l'argent dans la poche d'autrui. » (*Ibid.*, page 2005.)

N'oublions pas que M. Briand est socialiste, que même ministre, même président du Conseil, il n'a pas cessé un seul instant de se proclamer socialiste, et comprenons qu'il a dans cette occasion admirablement travaillé pour son parti. Il suffit, pour s'en convaincre, de relire ce que disait le lundi 28 octobre 1907, à la Chambre, M. Paul Constans, député socialiste de Montluçon : « Le projet de loi, qu'on le veuille ou non, porte une atteinte à la liberté des testateurs. Au nom de l'intérêt général, il porte une atteinte à la propriété individuelle de ceux qui ont disparu. Il diminue incontestablement le droit de tester accordé jusqu'ici par le Code civil. C'est une expropriation partielle d'une propriété privée au profit d'une collectivité, que ce soit un établissement de bienfaisance, une commune ou la nation. Nous voterons ce projet de loi parce que nous espérons que ni de ces bancs (la gauche), ni de ceux-ci (la droite), on ne viendra plus nous dire que notre conception collectiviste n'est qu'un rêve d'insensés, lorsque nous vous dirons que, dans l'intérêt de la collectivité nationale, pour l'amélioration du travail et en vue d'une meilleure répartition des produits, il y a lieu d'exproprier la propriété capitaliste. Ce que nous réclamons tous les jours, vous le faites dans votre projet de loi au profit d'une collectivité restreinte sans profit aucun pour le prolétariat. Vous déchirez le Code civil, vous supprimez en partie le droit d'héritage, nous sommes avec vous. Nous exproprierons, nous, le capitalisme au profit de tous. » — Rien.

de plus juste. C'est l'avantage de la collectivité d'exproprier sans indemnité les biens de fabrique? Mais ne serait-ce pas aussi l'avantage de la collectivité d'exproprier les usines, les assurances et les chemins de fer? Et l'on a maintenant un précédent *légal* pour le faire. Voilà long-temps que les socialistes, pour limiter le droit d'héritage, réclament la suppression de l'héritage en ligne collatérale, c'est-à-dire pour tous ceux qui ne sont pas les enfants et petits-enfants du défunt. La loi de 1907 a admis leurs prétentions dans un cas précis, c'est le trou qu'il convient maintenant d'élargir pour augmenter le nombre des cas prévus jusqu'à la suppression, en toute circonstance, de l'héritage en ligne collatérale.

Que le péril clérical soit agité chaque fois qu'il s'agit de faire voter une loi socialiste, un autre exemple vient encore le confirmer. Le 17 janvier 1908, un député socialiste, M. Berteaux, interpellait le gouvernement pour le presser de procéder au rachat de la Compagnie de l'Ouest. C'était au lendemain des incidents tumultueux de la gare Saint-Lazare, dont quelques-uns d'entre vous ont peut-être con-servé le souvenir. La nationalisation des services publics en général et des chemins de fer en particulier étant une des premières étapes à franchir dans la marche progressive au collectivisme, vous comprenez quelle importance les socia-listes attachaient à ce rachat. Or, beaucoup de députés hésitaient encore : l'administration de l'Etat avait déjà donné tant de mécomptes; les arsenaux, les manufactures nationales, les chemins de fer de la compagnie de l'Etat, donnaient trop de sujets de craindre que la nouvelle expérience n'apportât les graves mécomptes dont, hélas ! elle s'est depuis montrée généreuse. Que fallait-il faire pour enlever le vote? Eh ! mon Dieu, c'était bien simple ; agiter le sceptre clérical; et c'est ce que fit M. Berteaux. La Compagnie de l'Ouest était une administration effroyable-ment cléricale, où les avancements n'étaient donnés qu'en se basant sur les opinions religieuses, sans égard pour les qualités professionnelles (chacun sait que pareil fait, dans un ordre d'opinions contraires, ne se passe jamais dans les administrations de l'Etat) ; comment voulait-on que les chemins de fer de l'Ouest puissent marcher quand « il est de notoriété publique à la Compagnie de l'Ouest que l'ingénieur en chef du matériel et de la traction, au moment où le service est désorganisé comme vous le savez, passe son temps à dire son chapelet dans son bureau. » (*J. O.*, 1908, page 20, séance du 17 janv. 1908.) L'argument était sans réplique, les bons radicaux francs-maçons virent rouge, et l'Ouest fut racheté.

Toute l'histoire parlementaire de ces trente dernières années s'éclaire d'une lumineuse clarté, si on la considère comme la conséquence d'un pacte conclu entre les socialistes et les francs-maçons, les premiers disant aux seconds : « Nous voterons vos lois anticléricales, pourvu qu'elles soient socialistes », et les seconds disant aux premiers : « Nous voterons vos lois même socialistes, pourvu qu'elles soient anticléricales. »

Que le socialisme juridique soit plus dangereux que le socialisme violent de la grève générale, c'est un fait incontestable. Le second, avec sa théorie de tout ou rien, a de grandes chances de n'arriver jamais à rien. Le premier, sans effrayer personne, en n'employant que des moyens légaux, fait gagner au collectivisme chaque jour du terrain. Il crée des précédents dangereux sur lesquels on peut, au moment voulu, échafauder légalement les conséquences les plus révolutionnaires, et surtout peut-être il modifie graduellement les mentalités en les déformant, en les amenant progressivement à considérer sous un jour nouveau les notions de justice, de droit et de légalité ; que cette méthode ait fait gagner en quelques années au collectivisme plus de terrain que ne lui en avaient gagné, en cinquante ans, les autres procédés de réalisation que nous avons étudiés, c'est un fait d'une évidence qui semble indiscutable.

La conséquence se tire d'elle-même. Si c'est ce collectivisme-là qui est le plus dangereux, c'est celui-là surtout

qu'il vous faut combattre, si vous ne voulez pas, comme
je l'espère, voir se réaliser ce régime « de l'égalité dans le
dénûment, l'indigence et la misère. » (*Rerum Novarum.*)
Si son procédé de combat consiste à saper les fondements
de l'ordre social chrétien : la religion, la famille et la propriété, votre tactique consistera à reconstituer, dans la
mesure du possible, ces piliers essentiels de toute société.

Mais votre rôle ne doit pas se borner au rôle purement
défensif de réparer les brèches, vous devez surtout prendre
l'offensive, opposer doctrine à doctrine, principes à principes, organisations à organisations, et montrer par des
preuves palpables, visibles, irréfutables, que dans le christianisme seul se trouve la force capable de résoudre la
question sociale dans le sens de la liberté et de la dignité
ouvrières. « Si, disait Brunetière, la vraie démocratie, la
bonne, consiste en un constant et perpétuel effort vers
une égalisation progressive des conditions des hommes,
nos adversaires sentent confusément que l'idéal futur ne
s'en réalisera jamais que dans et par le christianisme. »
(*Motifs d'espérer.*)

C'est la réalisation de cet idéal futur dans et par le
christianisme, que nous étudierons dans nos prochaines
causeries en exposant la solution chrétienne de la question
sociale.

MAISON BLEUE

A. NOËL

PARIS, 4, Place et rue des Petits-Pères, PARIS

(En face de l'église de Notre-Dame des Victoires.)

OBJETS RELIGIEUX

Paroissiens, Missels, Chapelets, Souvenirs et Images de Première Communion.

SOUVENIRS DE N.-D. DES VICTOIRES

Statues : plastique, ivoirée, avec et sans filets or, modèle riche depuis 1 fr. Ecrin genre ancien, capitonné satin bleu, dep. 3 fr.

Statues : métal argenté, vieil argent, argent, socle marbre.

Statuettes : argent, bronze, aluminium.

Galvanos artistiques sur onyx, velours, bois, cuir, formant chevalet, dep. 2 fr. 95.

Opales fines sur porcelaine : 1 fr. 25 ; 2 fr. 75 ; 5 fr.

Médailles artistiques : or, depuis 7 fr. ; argent, depuis 0 fr. 75, se montent en broches et en bagues.

Médailles frappées : or, depuis 1 fr. 95 ; argent, depuis 0 fr. 20.

Médailles métal oxydé inaltérable, depuis 0 fr. 15 pièce.

Médailles aluminium : 0 fr. 40 ; 0 fr. 65 ; 1 fr. 25 ; 1 fr. 60 la douzaine.

Images : simili-gravure, papier watmann, 5 fr. 50 la douzaine ; photogravure, 2 fr. 25 la douzaine ; chromo, 1 fr. la douzaine.

Signets : avec dentelle, festonnés, coloriés.

Cartes postales : Vue du sanctuaire (2 modèles), la douzaine, 1 fr. ; extérieur de l'église, la douzaine, 0 fr. 50.

Cartes spéciales pour pèlerinages.

Annexe MAISON BLEUE

9, Place des Petits-Pères, près l'église N.-D. des Victoires, Paris.

Spécialités : Crucifix, Croix, Chapelets.

CHOIX UNIQUE

PUBLICATIONS DE L'*ACTION POPULAIRE de Reims*. — Courrier des Cercles d'Etudes, Actes Sociaux, Plans et Documents pour Cercles d'Etudes, Peuple de France, Recrutement sacerdotal.

Envoi franco du Catalogue général sur demande.

Les Trois Almanachs

de l'ACTION POPULAIRE

Les Almanachs de l'*Action Populaire* sont surtout *destinés à être vendus par grandes quantités* comme **Almanachs paroissiaux** ou **Almanachs des Œuvres**, avec *titre spécial et texte spécial*, mis en tête de la **partie générale** et aux prix suivants :

LE GRAND ALMANACH : 208 pages.

50 exemplaires	18 fr.	
100 —	33 fr.	plus le port.
500 —	150 fr.	
1.000 —	290 fr.	

Un **Titre spécial** (par ex. : PAROISSE DE..... GROUPE DE...... SYNDICAT DE....) sera *imprimé gratuitement*, en gros caractères, pour toute commande d'au moins 100 exemplaires.

L'ALMANACH MOYEN : 96 pages.

100 exemplaires	17 fr.	
500 —	80 fr.	plus le port.
1.000 —	150 fr.	

Titre spécial gratuit à partir de 200 exemplaires.

LE PETIT ALMANACH : 64 pages.

100 exemplaires	9 fr. 50	
500 —	45 fr. »	plus le port.
1.000 —	85 fr. »	

Titre spécial gratuit à partir de 500 exemplaires.

PARTIE SPÉCIALE :

L'Action Populaire se charge, aux prix suivants, de faire imprimer en tête de l'Almanach (petite, moyenne ou grande édition), 2, 4, 8, 16 ou 32 pages d'*un texte spécial* et d'intérêt local, par exemple : Ephémérides de la paroisse ou de la région, renseignements religieux ou civils, adresses, foires, marchés, etc.

	2 pages	4 pages	8 pages	16 pages	32 pages
1er cent.....	7 fr. 30	14 fr. »	26 fr. 25	—	—
Cent suivant..	0 fr. 90	1 fr. 50	2 fr. »		
1er mille....	13 fr. »	22 fr. »	36 fr. »	62 fr. »	115 fr. »
Mille suivant..	6 fr. »	9 fr. »	13 fr. »	18 fr. »	31 fr. 50

L'A. P. accepte de livrer les Almanachs (grands, moyens ou petits) *non cousus, couverture non collée*, avec réduction de prix, le correspondant pouvant faire imprimer lui-même sa partie spéciale.

LES RETRAITES OUVRIÈRES

LOI DU 5 AVRIL 1910
RÈGLEMENT D'ADMINISTRATION PUBLIQUE
Circulaires et Arrêtés

Brochure de 124 pages. — *Prix :* **1** *fr.*

ACTION POPULAIRE, REIMS

Les Retraites ouvrières

COMMENTAIRE PRATIQUE DE LA LOI
Suivi de deux tableaux synoptiques
par MM. J. HACHIN et AGASSE
DE L'ACTION POPULAIRE
Docteurs en Droit.

120 pages. — Prix : **1** fr. **50** *franco.*

LES
Congrès ouvriers en France

DEUXIÈME SÉRIE (1893-1906)

Création de la Confédération générale du Travail,
par Léon de SEILHAC

Volume in-12 de 334 pages : **3** fr. ; *franco,* **3** fr. **50**.

ACTION POPULAIRE, Reims.

Le nom de l'auteur est le garant le plus sûr de la qualité de l'ouvrage.
  L'impartialité dans l'exposition des doctrines et des travaux d'adversaires, l'ordre, l'exactitude, la classification et la clarté sont autant de qualités qu'on se plaît à reconnaître en M. de Seilhac; sa méthode est une analyse précise, faite à la lumière des faits. On a dit beaucoup sur les tendances et le rôle de la Confédération générale du travail : aucun livre ne dit mieux.

Bar-le-Duc. — Impr. Brodard, Meuwly & Cⁱᵉ. — 5195.3.12.

Original en couleur

NF Z 43-120-8